AF234411

NOTICE

SUR

S. NIZIER,

ÉVÊQUE DE LYON AU 6.ᶜ SIÈCLE ;

Par Ant. Péricaud.

LYON,

IMPRIMERIE DE J. M. BARRET, PLACE DES TERREAUX.

M. DCCC XXX.

NOTICE

S. NIZIER,

Il est assez difficile d'écrire l'histoire des saints qui ont vécu dans le moyen âge. La plupart des auteurs qui ont paru dans ces temps d'ignorance et de barbarie, ont semé leurs récits des fables les plus absurdes et des contes les plus ridicules. Si nous donnions la biographie de S. Nizier telle qu'elle a été rédigée par ses contemporains, on croirait lire une de ces légendes composées par le pieux romancier Jacques de Voragine, autant pour l'édification que pour l'amusement du peuple. Cependant nous avons cru devoir conserver dans cette notice quelques-uns de ces faits extraordinaires qui ne sont pas des articles de foi, mais qui peuvent servir à nous faire connaître l'esprit et les mœurs du siècle où Lyon vit à la tête de son église le célèbre prélat dont nous allons esquisser la vie.

Nizier naquit en Bourgogne, l'an 513, d'une famille très-distinguée parmi les anciens Gaulois. Il était fils du sénateur Florentius et d'Artemia. Pendant que celle-ci était enceinte, son mari lui ayant annoncé qu'il venait d'être élu évêque de Genève : « Je vous en conjure, lui dit-» elle, n'acceptez pas l'épiscopat, mon cher mari, car j » porte dans mon sein un évêque que j'ai conçu de vous.

Florentius se souvenant alors qu'une voix divine avait dit à Abraham : *Quoique te dise Sara, écoute sa parole* (Gen., XXI, 12), se rendit aux prières d'Artemia [2]. Le fils de Florentius reçut au baptême le nom de *Nicetius* dont nous avons fait *Nizier*. Ses parens le firent élever dans les maximes de la piété chrétienne et dans la connaissance des lettres, qui, à cette époque, n'étaient plus cultivées que par le clergé. Nizier se fit remarquer dans son enfance par son humilité et son ardeur pour la prière. Il ne craignait point de s'occuper des travaux les plus vils, et il cédait en tout la préférence à ses frères. Il se regardait comme l'égal des domestiques de son père [3], et c'était un grand plaisir pour lui de leur apprendre, ainsi qu'à leurs enfans, le psautier et les chants de l'église. Il joignait à ces vertus une inviolable pureté de corps et d'esprit qui le portait à éviter avec soin tout ce qui aurait pu lui offrir la plus légère tentation. Il avait atteint sa trentième année lorsqu'il se rendit à Châlons-sur-Saône, où il fut ordonné prêtre par Agricole, évêque de cette ville; mais il ne tarda pas à revenir dans la maison paternelle [4]. Sacerdos, son oncle, fut nommé à cette époque évêque de Lyon. On sait que ce fut à la sollicitation de ce prélat, dont l'église honore la mémoire, que le concile tenu sous sa présidence, à Orléans, en 549, approuva par un de ses actes la fondation qu'avaient faite, pendant leur séjour à Lyon (vers 551), Childebert, roi de Paris, et la reine Ultrogothe, sa femme, d'un hospice bâti sur la rive droite du Rhône, et destiné aux malades et aux pélerins. Non moins recommandable par sa piété que par ses lumières, Sacerdos ayant été appelé à Paris, en 551, par Childebert, y tomba malade et y mourut. Pendant sa maladie, le roi l'honora d'une visite, et lui accorda Nizier pour successeur. Le choix qu'avait fait Sacerdos eut l'assentiment du clergé et du peuple, et Nizier monta sur le siége épiscopal de Lyon, le 16 février 552 [5] Il assista, en 559, avec plusieurs autres prélats, à la dédicace qui se fit à Paris de l'église

de S. Vincent , fondée par S. Germain , et qui porte aujourd'hui le nom de St-Germain-des-Prés.

Nizier était l'ami de la concorde et de la paix : si quelqu'un l'avait offensé, il lui remettait aussitôt son offense ,
ou lui faisait insinuer par un tiers de demander le pardon de sa faute. L'anecdote suivante, racontée par S. Grégoire de Tours , qui avait été élevé par S. Nizier , son grand
oncle maternel , en fournit une preuve. Le prêtre Basile
ayant été envoyé vers le comte Armentarius , qui , en
ce temps-là , était gouverneur de Lyon avec le pouvoir
d'y rendre la justice [5] , ce prêtre dit au comte : « Notre
» pontife a déjà mis fin , par la sentence qu'il a rendue, à
» une contestation qui est de nouveau portée devant vous ;
» c'est pourquoi il vous donne avis que vous ne devez
» pas en connaître. » Le comte enflammé de colère dit
au prêtre : « Allez et dites à celui qui vous envoie qu'il
» est beaucoup de causes portées devant lui qui seront
» terminées par le jugement d'un autre. » Le prêtre a
son tour, exposa avec ingénuité ce qu'il avait entendu.
Nizier , vivement ému de ce récit , dit au prêtre : « En
» vérité , je vous le dis , vous ne recevrez point les eu-
» logies [7] de ma main , parce que vous avez porté à mes
» oreilles les paroles que la colère lui a fait proférer. »
Nizier était alors à table , et son petit neveu , Grégoire
de Tours , était à sa gauche : « Engagez les prêtres , lui
dit-il en secret, à intercéder pour lui. » Lorsque Grégoire
s'acquitta de cette mission , les prêtres ne le comprirent
point, et ils gardaient le silence : « Lève-toi donc, s'écria
Nizier , et supplie pour lui. » Grégoire , saisi de crainte,
se jeta aux genoux de son oncle , et obtint le pardon du
prêtre auquel Nizier donna les eulogies.

La conduite dépravée et scandaleuse de deux prélats,
nommés Salonius et Sagittarius , ayant nécessité, en 566,
la convocation d'un concile qui fut tenu à Lyon [8] , Nizier
y assista en qualité de patriarche ; cependant on croit que
ce fut Philippe , évêque de Vienne , qui présida l'assem-

blée. Salonius et Sagittarius avaient été élevés au diaconat par l'évêque de Lyon , puis ordonnés évêques , le premier d'Embrun , et l'autre de Gap. Tous deux , convaincus des crimes dont ils étaient accusés , furent déposés du saint ministère [9]. On fit dans ce concile six canons sur autant de points de discipline; il fut décidé 1.º que les contestations qui s'élèveraient entre les évêques seraient jugées par les métropolitains ; 2.º que les donations faites par les évêques ou d'autres clercs à quelque personne que ce fût, ne pourraient être annulées ; 5.º que ceux qui réduiraient en servitude les personnes libres seraient soumises à la peine de l'excommunication ; 4.º que ceux qu'un évêque aurait excommuniés seraient regardés comme tels par ses confrères ; 5.º que les donations faites par un évêque , en propriété ou en usufruit , ne pourraient être révoquées par son successeur ; 6.º que l'on chanterait dans toutes les églises les litanies le premier dimanche de novembre , comme on le faisait avant l'Ascension. Ce concile est l'acte le plus remarquable de l'épiscopat de S. Nizier , qui gouverna son église avec un zèle infatigable , mettant tous ses soins à répandre l'instruction dans son diocèse , et à faire disparaître les traces des ravages que les Visigoths et d'autres peuples barbares y avaient commis durant leurs invasions. Deux ans avant la mort du pieux prélat, une peste qui fut terrible s'étendit sur nos contrées, et suivant Grégoire de Tours , *Hist. de France* , liv. XXXI , ch. 4 , Lyon serait une des villes qui auraient été dépeuplées ; cependant il serait très-possible que notre cité eût été moins frappée que les autres par ce fléau , puisque le clerc de l'église de Lyon dont nous parlerons plus tard , et Grégoire de Tours lui-même ne rappellent point cet événement dans les vies qu'ils ont faites de S. Nizier, qui descendit au tombeau le 2 avril 573 [10]. La basilique des *Apôtres* , où il fut inhumé, perdit bientôt ce nom pour prendre celui de S. Nizier. Ce changement de titre se fit , suivant la remarque du P.

de Colonia [11], par la voix du peuple, plus forte et plus décisive dans ces premiers temps qu'elle ne l'est aujourd'hui. S. Priscus, qui avait été chapelain de S. Nizier, lui succéda ; mais les commencemens de son épiscopat n'annoncèrent point la sainteté à laquelle plusieurs auteurs veulent qu'il ait été appelé ; car on a prétendu qu'il ne cessait de se répandre en invectives contre son prédécesseur, et qu'il en fut puni par la mort de sa femme et de ses enfans [12]. Du vivant même de S. Nizier, il s'était déclaré son ennemi et lui avait suscité de misérables tracasseries ; mais Nizier lui avait constamment rendu le bien pour le mal. « Pleust à Dieu, s'écrie à cette occasion le plus ancien et le plus naïf de nos historiens, » que les prélats et autres prinssent leurs vengeances » par ce bout [13] ! » Un autre prêtre qui avait assisté à la lecture qui se fit en public, conformément à la loi romaine, du testament du saint, fut également puni pour avoir dit que l'on convenait assez généralement que Nizier avait été dans la démence, mais que maintenant la chose n'était plus douteuse, puisqu'il n'avait rien laissé à l'église où il avait voulu être enterré. S. Nizier, dit Grégoire de Tours, apparut à ce prêtre la nuit suivante avec deux autres évêques de Lyon, S. Just et S. Eucher ; et, après l'avoir admonesté, il le souffleta et lui serra si fortement le cou, que, s'étant réveillé, il éprouvait une douleur si violente à la gorge, qu'il ne pouvait plus avaler sa salive, et qu'il fut obligé de garder le lit quarante jours. Le même historien cite encore un diacre auquel Priscus avait donné la chappe de S. Nizier, et qui, s'étant fait des chaussons avec le capuce de cette chappe, fut tout-à-coup possédé du démon, et, tombant par terre auprès de son feu, un jour qu'il était seul dans sa chambre, jeta une écume sanglante par la bouche, et eut en se débattant ses pieds et ses chaussons dévorés par la flamme [14].

Le plus ancien biographe de S. Nizier est un clerc de

l'église de Lyon, dont le nom est resté inconnu ; la vie ou plutôt le panégyrique du saint, qu'il composa vers l'an 589, par ordre d'Ethère, second successeur de S. Nizier, a été insérée dans le recueil des Bollandistes, au 2.e jour d'avril. Quoique cette pièce ne soit pas de longue haleine, on y trouve, disent les auteurs de l'*Histoire littéraire de la France*, tom III, pag. 560, presque continuellement des pointes, des cadences et des ornemens étrangers [15]. L'auteur, ajoutent les savans bénédictins, n'a pas oublié d'y faire entrer beaucoup de miracles, suivant le génie de son siècle. S. Grégoire de Tours l'ayant lue, la jugea insuffisante pour faire connaître à la postérité tout le mérite de S. Nizier ; et comme il s'intéressait plus à sa mémoire que beaucoup d'autres, en qualité de son petit neveu, il en composa une plus ample, qui fait le sujet du chapitre VIII de ses *Vies des Pères*. Parmi les autres biographes qui ont plus ou moins puisé aux sources que nous venons d'indiquer, nous citerons le P. Théophile Raynaud, *Hagiologium lugdunense* ; J. M. de la Mure, *Hist. ecclésiast. du diocèse de Lyon* ; le P. de S. Aubin, Histoire ecclésiast. de Lyon ; Poullin de Lumina, *Hist. de l'église de Lyon* ; l'abbé du Temps, *Clergé de France*, tom. IV, et Alban Butler, *Vies des saints*, traduites par Godescard. Nous avons encore l'épitaphe qui fut faite en vers latins pour le tombeau de notre saint, et qui était gravée sur un marbre dont on fit la découverte en 1508. Cette épitaphe a été recueillie par les Bollandistes qui ont remarqué avec raison, comme l'avait déjà fait avant eux Théophile Raynaud, dans son *Hagiologium*, que S. Nizier n'est point le premier qui ait introduit dans son église le chant à deux chœurs, quoique le distique suivant, qui fait partie de son épitaphe, tende à le faire croire :

Psallere præcepit, normamque tenere canendi
Primus, et alterutrum tendere voce chorum.

Le chant à deux chœurs existait déjà du temps de S. Sidoine Apollinaire, qui a dit, dans sa 17.ᵉ lettre, livre III : « ... *Ad sancti Justi sepulchrum vigilias alternante mulcedine monachi , clericique psalmicines concelebrabant.* » Au reste , comme l'a fort judicieusement observé le P. de Colonia, l'inscription sépulcrale de S. Nizier , qui consiste en vingt-six vers , prouve qu'on avait alors achevé de perdre le peu de goût qui pouvait rester pour la bonne latinité et les belles-lettres..... ; car on ne savait pas être court en ce temps-là... On ne savait pas, ajoute-t-il , répandre sur les monumens publics cette noble et briève simplicité qui en fait tout le prix : on croyait dire bien et beaucoup quand on disait beaucoup de paroles [16]. »

NOTES.

⁂

1 S. Nizier est encore du nombre infini des hommes célèbres omis dans la *Biographie universelle*. Les auteurs de cette volumineuse compilation ne l'eussent probablement pas oublié, si une des églises de la capitale eût été sous le vocable de ce saint ; mais ce qui est bien plus étonnant, c'est que ce patron de la paroisse la plus considérable de Lyon ne figure pas dans une Vie des saints qu'on réimprime chaque année à Lyon, en un gros volume in-12, et dont les libraires de cette ville débitent annuellement des milliers d'exemplaires. Toutefois les *Heures de Lyon* contiennent l'office de la fête de S. Nizier, avec une hymne et une prose latine en son honneur ; il y a, ce jour-là, grand solennel dans l'église qui lui est dédiée ; la procession de ses reliques se fait avant les premières vêpres et après les secondes.

2 Grégoire de Tours, qui rapporte ce fait, était, comme nous l'avons dit, le petit neveu de S. Nizier, avec lequel il dut avoir de fréquentes relations, puisqu'il vint assez souvent à Lyon. Il naquit en Auvergne le 30 novembre 559, suivant la *Biographie universelle*, et l'an 544, suivant l'*Hist. littéraire de la France*, par les Bénédictins de S. Maur, qui mettent sa mort à l'année 595, tandis que la *Biogr. univ.* la place à l'année 593. Son père se nommait Florentius, comme celui de S. Nizier. Léocadie, son aïeule, descendait de Vettius Epagathus, qui souffrit le martyre à Lyon, sous le règne de Marc-Aurèle, l'an 177. Voy. sur Vettius Epagathus et sur Grégoire de Tours, l'*Histoire littéraire de la France*, tom. I, pag. 289, et tom. III, pag. 372.

3 S. Nizier avait pour maxime que celui qui ne travaille pas est indigne de manger. Il disait encore qu'il fallait donner de la peine au corps pour tenir ses appétits en bride. Grégoire de Tours, après avoir fait l'éloge de sa chasteté, ajoute : « Je me souviens que dans mon enfance, ayant près de huit ans, et commençant à peine à connaître les premiers élémens des lettres, lorsqu'il me faisait mettre au lit, et qu'il me prenait entre ses bras avec la douceur d'un père, il s'enveloppait les mains avec les pans de sa robe, afin qu'elles ne touchassent aucune partie de mon corps. *Vitæ Patrum*, c. viij.

4 L'abbé de Marolles , dans une des remarques de sa traduction des Œuvres de S. Grégoire de Tours , tom. II , pag. 3o3 , suppose que S. Nizier est l'archidiacre de Lyon , dont S. Grégoire de Tours a parlé , sans le nommer , dans le 63.ᵉ chapitre du livre qui a pour titre : *De Gloria confessorum* : voici la traduction de ce chapitre :

« La fille de l'empereur Léon était possédée du démon , et lorsqu'on la conduisait dans les lieux saints , le malin esprit s'écriait - « Je ne sortirai point que l'archidiacre de Lyon ne vienne et ne me » chasse de ce logement qui m'est acquis. » Alors l'empereur envoya dans la Gaule des députés pour supplier l'archidiacre de venir à Rome. Celui-ci refusa d'abord d'adhérer à leur demande , disant qu'il ne se croyait point digne d'opérer des miracles ; mais il finit par céder aux ordres de son évêque , et suivit les députés. Après une réception honorable que lui fit l'empereur , il se rendit à la basilique du bienheureux apôtre Pierre ; il y pria et jeûna pendant trois jours ; le quatrième , il exorcisa la fille qui fut enfin délivrée de l'esprit immonde. L'empereur reconnaissant , offrit à l'archidiacre 3oo pièces d'or. « Si vous désirez m'honorer de vos faveurs , lui » dit ce dernier , accordez-moi un don qui profite à tous mes con- » citoyens ; remettez le tribut à notre ville dans un rayon de 3ooo » pas autour des murs. Quant à votre or , je n'en ai pas besoin ; » dispensez-le aux pauvres pour leur bonheur et pour le vôtre. » L'empereur souscrivit à cette demande , et c'est depuis ce temps que la ville et sa banlieue sont affranchies d'impôts. Après le départ de l'archidiacre , l'empereur dit à ses ministres : « Si cet homme aime Dieu plus que l'argent , il faut au moins que l'église à laquelle il appartient soit honorée des largesses que nous lui destinions. » Alors il ordonna de fabriquer une cassette pour renfermer les saints évangiles, une patène et un calice d'or pur , enrichi de pierres précieuses. Ces objets , d'un travail admirable , furent confiés , pour être portés à l'église de Lyon , à un homme recommandable. Cet envoyé , en traversant les Alpes , reçut l'hospitalité d'un orfévre , qu'il instruisit naïvement, sous le sceau du secret , de l'objet de sa mission. « Si vous voulez m'en croire , lui dit l'orfévre , j'entrevois un moyen de nous enrichir tous deux. » Alors le diable s'en mêlant , et les larrons , selon le proverbe , s'entendant bientôt entre eux , le messager accepta la proposition. L'orfévre mit aussitôt la main à l'œuvre , et il exécuta en vermeil un calice et une patène tellement semblables aux autres , qu'il n'y avait de différence que dans la matière. Le porteur , arrivé à Lyon , offrit les objets faux à l'évêque , qui le récompensa. De retour dans les Alpes , il alla demander à son compagnon sa part du larcin. L'orfévre lui répondit que le partage n'était pas prêt encore , et promit de s'en occuper pendant la nuit. Après qu'ils eurent soupé , ils se rendirent ensemble dans l'atelier où devait se faire l'opération : tout à coup le sol trembla , la maison s'écroula sur eux , la terre s'entrouvrant sous leurs pieds , les engloutit eux et leurs trésors, et ils descendirent vivans et blasphémans dans le *Tartare.* » J'ai vu , dit l'historien qui nous a conservé cette anecdote , les objets substitués par l'orfévre , dans l'église de Lyon. Que cet exemple de la justice divine , s'écrie-t-il , soit un avertissement salutaire pour les peuples de ne jamais convoiter ni s'attribuer les biens de l'église ! »

Dom Ruinart, dans ses notes sur le chapitre qu'on vient de lire , remarque avec raison que parmi les empereurs qui régnèrent à Rome, il n'en est aucun qui se soit appelé *Léon.* Il serait très-possible , ajouté-t-il , que ce Léon fût le même qui régna à Constantinople dans la seconde moitié du cinquième siècle , ou bien que ce fût quelqu'autre prince , ce qui n'est pas très-facile à déterminer. *An hic Leo fuerit qui post seculi V medium C. P. imperavit , an quivis alius , divinare non licet....* Ce qui a pu porter l'abbé de Marolles à croire que S. Nizier était l'archidiacre dont il s'agit ici , c'est que le chapitre où l'histoire de la fille de Léon est consignée , vient après deux autres chapitres consacrés à S. Nizier. J'ajouterai que les Bollandistes , en insérant dans leur recueil les actes de la vie de notre saint , n'y ont point admis le chapitre en question. J'ajouterai encore que Paradin , *Hist. de Lyon* , liv. II , chap. 6 , année 476 , veut que ce soit la ville de Lyon qui ait été affranchie d'impôts par l'empereur Léon. « Quand le patrice Aétius , dit-il , eut fait paix avec Gondioch , roi de Bourgongne , il lui permit de tenir le royaume de Bourgongne en vasselage de l'empire romain : tellement que combien que les rois de Bourgongne eussent droit de souveraineté , si est-ce que l'empereur de Rome y avoit tousiours puissance suprême ; ce que l'on peut congnoistre par une histoire recitée par Gregorius Florentius d'une immunité et privilege donné par l'empereur Leon , premier de ce nom , aux habitans à trois milles à l'entour de la cité de Lyon.... » Paradin a intitulé ce chapitre : *De l'immunité du Franc Lyonnois donnee par l'empereur Leon premier.* Mon savant collègue, M. Cochard , qui a fait insérer dans les *Archives du Rhône* un excellent article sur les immunités dont jouissait la petite contrée qui , avant la révolution , s'appelait le *Franc Lyonnois,* et avait Neuville pour capitale , s'est bien gardé de remonter jusqu'à l'empereur Léon pour chercher l'origine de ces immunités. On exige de nos jours des titres plus clairs et plus positifs que du temps de Paradin.

5 XIV *kal. febr.* , suivant un ancien martyrologe inséré dans le *Spicilegium* de d'Achéry , tom. IV , pag. 622,

6... *Ad Armentarium comitem , qui lugdunensem urbem his diebus potestate judiciaria gubernabat....* Greg. Turon. , *Vitœ Patrum* , c. viij. L'auteur du *Mémoire statistique pour servir à l'histoire de l'établissement du christianisme à Lyon* , etc. Lyon , Boursy , 1829 , in-8° , dit que le *zèle trop ardent de S. Nizier pour la religion lui suscita beaucoup de tracasseries de la part des princes ses voisins.* Cette assertion paraît peu vraisemblable.

Il nous serait facile de relever une foule d'erreurs commises par d'autres écrivains de notre époque, qui ont eu occasion de parler de S. Nizier ; mais ne sait-on pas assez que la plupart de ceux que nous voyons s'ériger en historiens, se piquent fort peu d'être exacts , et qu'il ne leur en coûte rien d'inventer ou de tronquer un fait lorsqu'ils en ont besoin pour se livrer à quelque déclamation en faveur des idées du jour, dont le plus souvent ils s'engouent sans les comprendre ?

7 *Eulogiœ.* On n'est pas bien d'accord sur le sens de ce mot qui se retrouve encore dans le dernier chapitre des *Vitœ Patrum* de S. Grégoire. L'abbé de Marolles qui , dans le chapitre viij , avait traduit ce mot par *pain bénit* , et qui a fait à ce sujet une note assez curieuse , veut, dans sa remarque sur le dernier chapitre , que les *eulogies* ne soient autre chose que l'Eucharistie.

8 Ce concile fut assemblé par ordre du roi Gontran « un des » mieux advisés princes de son siècle, et qui eut emporté la repu- » tation du plus sage , si la lubricité et la paillardise ne lui eussent , » aussi bien qu'au sage Salomon , quelquefois offusqué l'entende- ment. « Rubys , *Hist. de Lyon* , pag. 209. Gontran , roi d'Orléans et de Bourgogne , faisait sa résidence , tantôt à Châlons-sur-Saône, tantôt à Lyon.

9 Salonius et Sagittarius s'étaient rendus coupables d'adultères , de vols et d'homicides. Pendant que Victor , évêque de Saint Paul-Trois-Châteaux , célébrait l'anniversaire de sa naissance , ils avaient envoyé une troupe d'hommes armés , qui se précipitèrent dans sa maison , déchirèrent ses habits , massacrèrent ses gens , et empor

14

tèrent, avec sa vaisselle, tout ce qui avait été préparé pour le
dîner. Les deux évêques condamnés à Lyon, obtinrent du pape
de la ville de Rome *, Jean III, d'être rétablis dans leur siége ;
mais de nouveaux crimes attirèrent sur eux de nouveaux châtimens.
(Voy. Grég. de Tours, *Hist. Franc.*, l. V, c. 21, et dom Ceillier,
Hist. gén. des auteurs sacrés et ecclés. (tom. XVI, pag. 796). Ces
deux prélats ont un article dans Moréri, mais ils n'en ont point
dans la *Biogr. univ.*

10 **V**oyez une *lettre* de Laurent Etienne Rondet *sur trois dates
anciennes qui peuvent servir à en éclaircir d'autres*, insérée dans
le *Journal des savans*, février 1770. L'auteur de cette lettre,
peu satisfait de ce qu'il avait trouvé dans le *Gallia christiana* sur
l'époque de la mort de S. Nizier, ne le fut pas davantage des ren-
seignemens qu'il avait demandés à Lyon. Enfin on retrouva les actes
d'une visite qui fut faite dans l'église de S. Nizier, en 1308, par
Hugues, évêque de Tabarie : ces actes consistaient en deux feuilles
de parchemin d'environ trois pieds de long, dont l'un était l'ori-
ginal, avec la signature de quatre notaires, et l'autre, la copie,
avec la signature de deux notaires. Rondet, d'après le texte de ces
actes, se convainquit qu'on ne s'était pas trompé en plaçant la
date de la mort de S. Nizier au 4 des nones d'avril 573. A l'aide
de ces mêmes actes, il fixa la mort de S. Sacerdos, prédécesseur
de S. Nizier, au 3 des ides de septembre 552, et celle d'Aure-
lien, autre évêque de Lyon, au 16 des calendes de juillet 896
(extrait d'une note communiquée par M. G. Peignot). Je ferai
observer que, si S. Nizier monta sur le siége épiscopal de Lyon le
16 février 552, comme je l'ai dit d'après le martyrologe inséré
dans le *Spicilegium* de d'Achéry, on sera obligé de reporter à
l'année 551 la mort de S. Sacerdos, ou de reculer à l'année 553
l'intronisation de S. Nizier. Ces dernières dates sont donc encore
à vérifier.

11 *Hist. litt. de Lyon*, tom. I, pag. 360. L'église actuelle de S.
Nizier a été construite sur le sol de l'ancienne basilique, pendant
le cours du 15.ᵉ siècle.

* Tout le monde sait que le nom de Pape, qui ne signifie autre chose que père, se donnait
indifféremment à tous les évêques et surtout à ceux des grands siéges, jusqu'à Grégoire VII
qui se l'appropria exclusivement (Colonia, Hist litt., tom. I, pag. 161). S. Sidoine Apollinaire, évêque de Clermont, né à Lyon, en écrivant à ses confrères, leur donne toujours
le titre de SEIGNEUR PAPE. Cependant nous remarquerons, comme l'a fait le P. Mabillon,
dans sa Diplomatique, que quoiqu'anciennement tous les évêques aient été appelés indifféremment Papes, pas un néanmoins ne s'est attribué cette qualité, en parlant de lui-même,
si ce n'est le souverain pontife.

12 Grégoire de Tours , *Hist. Franc.* , IV , 36. Le P. Ménestrier, après avoir essayé de justifier Priscus des reproches qu'on lui a faits relativement à sa conduite envers S. Nizier , ajoute : « J'aimerois donc mieux dire qu'il falloit que l'on eût fait de mauvais rapports de Prisque à S. Grégoire de Tours , et que ce prélat , *un peu trop crédule* , comme il paraît en plusieurs de ses narrations , auroit un peu trop légèrement reçu ces rapports sans les examiner , et que ces faits étant arrivés sur la fin de ses jours , il n'eut pas le loisir de prendre des éclaircissemens qui auroient pu lui faire changer de sentiment. » *Hist. ecclés. de Lyon* manuscrite , tom. II, pag. 657.

13. Paradin , *Hist. de Lyon* , liv. II , c. viij. « La douceur et la benignité de ce sainct euesque (S. Nizier), dit ailleurs le même historien (même liv. , c. xij), est bien différente de la barbare cruauté d'vn prelat de par le monde qui , de nostre temps , attacha luy mesme vn sien forestier à vne croisee de bois avec des clouz, desquels il lui perça les deux mains comme à vn crucifix : ce que tous ses serviteurs auoient en horreur d'executer. Le grand crime qu'auoit commis ce pauure forestier estoit qu'il auoit vendu vne aire d'oyseaux de poing que son maistre luy avoit donné à garder. »

14.... *Pedes cum pedulibus ignis pariter devoravit....* L'abbé de Marolles qui a traduit Grégoire de Tours aussi platement qu'il a traduit tant d'auteurs profanes , renchérit ici sur le texte , et dit que le feu brûla les pieds du prêtre avec ses *chausses* et ses *chauçons.* Le P. Ménestrier , après avoir retracé les principaux miracles opérés après la mort de S. Nizier , ajoute : « Grégoire de Tours rapporte beaucoup de pareils événemens qui , trouvant peu de créance parmi les esprits déterminés à traiter de fables de semblables récits , l'ont fait passer pour un *homme très-crédule ;* mais comme c'est un grand saint et comme tous les savans le reconnoissent pour le père de notre histoire , je les expose sur sa foi , sans avoir la témérité de rien prononcer contre des faits qui ont un garant de ce mérite , et pour qui je ne dois avoir que de la vénération. » *Hist. eccl.* manuscrite , tom. II , pag. 638. En rapprochant le passage qu'on vient de lire de celui qu'on a cité ci-dessus , note 12 , il nous a semblé remarquer une légère contradiction dans le jugement que le P. Ménestrier y porte du caractère de S. Grégoire de Tours.

15 Voici un échantillon du style du clerc de l'église de Lyon :... *Postquam vero transilum vir* (sanctus Nicetius) *meritis dignum*

accepit, insidiante adversario humani generis, contigit, ut maximam partem lugdunensis civitatis, consurgentibus flammis, gravissimus incendii ignis exureret. Ubi dum undique præcipitantes populorum cunei instanter confluerent, vox subito præclara personans, concurrentis vulgi aures implevit, dicens, S. Nicetium in ecclesiæ domum corporaliter advenisse, et duabus cæcis fœminis restaurato lumine salutem primam contulisse. Tunc illico vires populi sonus ille restituit, qui adventum sepulti antistitis nuntiavit. Nec mirum est quod beatus athleta spiritali studuit virtute defendere, ubi corporaliter visus fuerit habitasse : nec sanctificatio exinde ab eodem induta discesserat, ubi etiam post exitum habitabat...... » Il est assez surprenant que ce texte ait échappé à Paradin et à Rubys, et qu'ils aient, dans leurs histoires, gardé le silence sur ce grand incendie qui aurait dévoré une partie de la ville de Lyon après la mort de S. Nizier.

16 Hist. litt. de Lyon, tom. I, pag. 361. Un poète latin du sixième siècle, Venantius Fortunatus, dont le nom devrait être plus connu, puisqu'on lui doit l'hymne *Vexilla regis*, a fait mention de S. Nizier dans une pièce de vers qui a pour titre : *de Oratorio Artanensi*, liv. X, cap. 13.

Hic veteris virtute viri nova palma Niceti
Urbem Lugdunum qui fovet ore suo.